OBSERVATIONS

SUR LES

ACTES SOUS SEING PRIVÉ

DEVANT L'APPLICATION DE LA LOI DU 23 MARS 1855

SUR LA

TRANSCRIPTION

PAR

CONSTANT GRISEY,

LICENCIÉ EN DROIT NOTAIRE A LUXEUIL

HAUTE-SAONE.

1864.

LUXEUIL. — IMPRIMERIE DE BONNET ET Cie.

OBSERVATIONS

SUR LES

ACTES SOUS SEING PRIVÉ

DEVANT L'APPLICATION DE LA LOI DU 23 MARS 1855

SUR LA

TRANSCRIPTION.

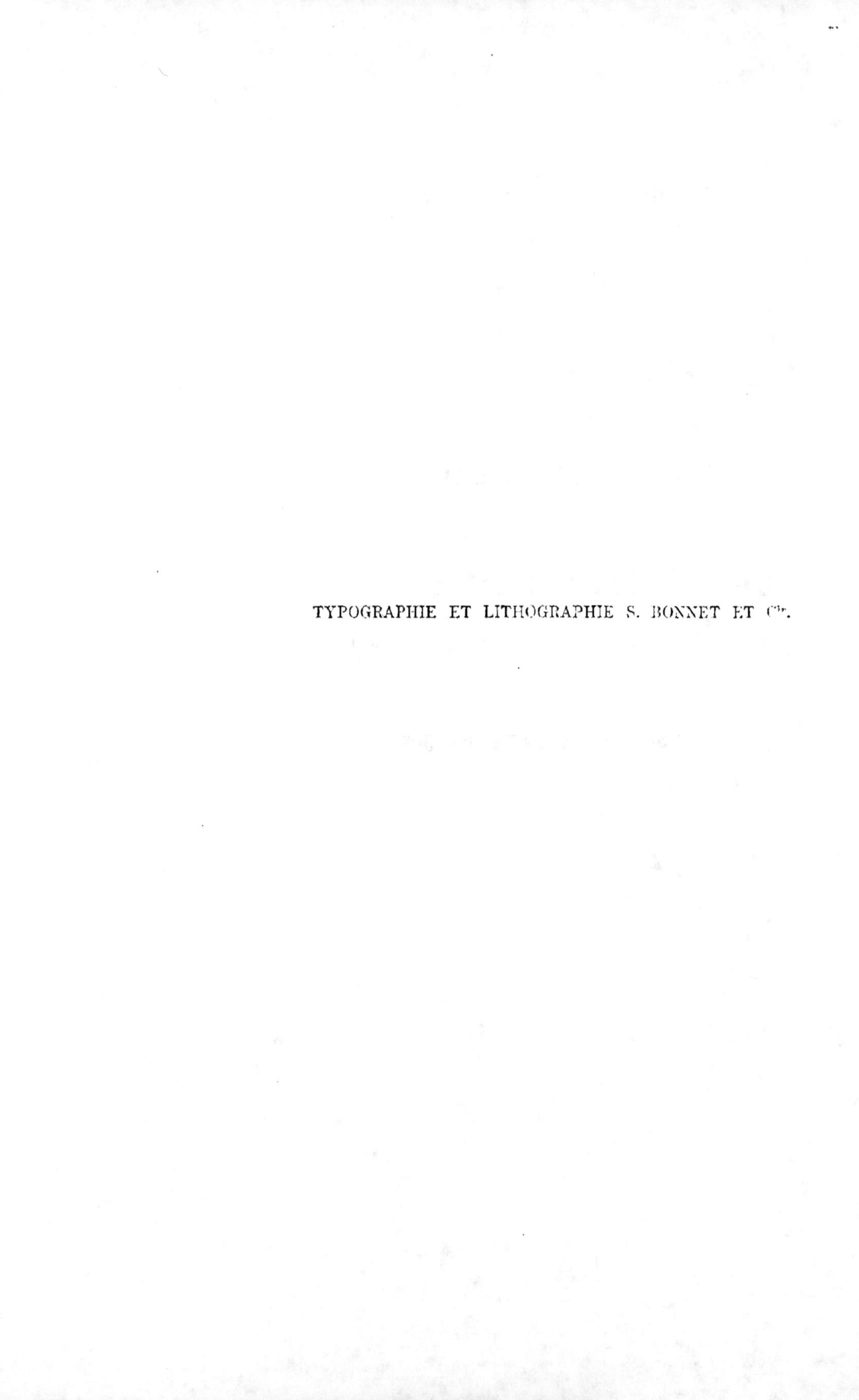

TYPOGRAPHIE ET LITHOGRAPHIE S. BONNET ET Cⁱᵉ.

OBSERVATIONS

SUR LES

ACTES SOUS SEING PRIVÉ

DEVANT L'APPLICATION DE LA LOI DU 23 MARS 1855

SUR LA

TRANSCRIPTION

PAR

CONSTANT GRISEY,

LICENCIÉ EN DROIT NOTAIRE A LUXEUIL

1864.

PRÉFACE.

Lorsqu'a paru la loi du 23 mars 1855, sur la *Transcription en matière hypothécaire*, chacun croyait y voir un pas immense vers l'abolition des actes sous seing privé. On se trompait bien ; car, soit qu'elle n'ait pas été comprise jusqu'à ce jour, soit qu'on ait reculé devant l'augmentation de frais qu'elle impose, le nombre des actes sous seing privé au lieu de diminuer n'a fait au contraire, je crois, que grandir à tel point, qu'on doit s'en effrayer pour la tranquillité à venir des familles. Le mal est grand et il grandit tous les jours. C'est le remède à ce mal que je me propose de présenter à mon lecteur en publiant mes observations relatives aux actes sous seing privé devant l'application de la loi du 23 mars 1855. Si j'arrive à lui faire calculer les nombreux dangers qu'offrent ces actes et à lui faire comprendre qu'il ne doit plus régler ses affaires dans cette forme, j'aurai la satisfaction de me dire : j'ai été utile à mes concitoyens. Puisse mon œuvre arriver à sa destination et recevoir partout un bon accueil.

Je diviserai mon travail en trois chapitres : dans le premier, je montrerai les nombreux inconvénients qu'il y a de régler les conventions, en la forme sous seing privé ; dans le second, j'établirai la nécessité qu'il y a de faire transcrire pour être propriétaire ; et, dans le troisième, je dirai que les subrogations et renonciations à l'hypothèque légale faites par la femme mariée doivent être authentiques, et qu'elles sont nulles si elles sont faites en la forme sous seing privé.

ACTES SOUS SEING PRIVÉ

DEVANT L'APPLICATION DE LA LOI DU 23 MARS 1855

SUR LA

TRANSCRIPTION.

CHAPITRE 1ᵉʳ

DES ACTES SOUS SEING PRIVÉ.

Sommaire.

I   Sous ce chapitre, comme son titre l'indique, je traiterai des actes sous seing privé en général et j'appellerai votre attention sur quelques uns des nombreux inconvénients que présentent les actes rédigés dans cette forme.

Dans quelques localités, et notamment dans le département de la Haute - Saône, la plupart des conventions sont faites sous signature privée, tandis que dans d'autres localités, aux environs de Paris par exemple et dans les villes en général, elles sont toutes ou presque toutes réglées par devant les Notaires. Il vous sera facile de juger de quel côté se trouve la vérité lorsque nous aurons examiné ensemble quelques uns des inconvénients que je vous annonce.

Chacun sait ce que c'est qu'un acte sous seing privé, je pourrais donc me dispenser d'en donner une définition; mais, comme de cette définition même j'aurai à tirer quelques conséquences dans la suite, je crois utile de la faire connaître.

Je dirai donc :

« L'acte sous seing privé est celui qui est passé sous
« la simple signature des parties sans l'intervention
« d'un officier public, *vel manu propria contrahentium,*
« *vel ab alio quidem scripta, a contrahentibus autem*
« *subscripta.* «

II Je vous fais immédiatement remarquer que l'acte sous seing privé n'a pas d'authenticité; car aux termes de l'article 1317 du code Napoléon,

« *L'acte authentique est celui qui a été reçu par offi-*
« *ciers publics ayant le droit d'instrumenter dans le lieu*
« *où l'acte a été rédigé et avec les solennités requises.* »

III Ces définitions nous font voir qu'il existe une très-grande différence entre l'acte authentique (*l'acte notarié*) et l'acte sous seing privé. Or, s'il existe une différence quelconque entre eux, ils ne doivent pas et ne peuvent pas avoir la même force probante. En effet, l'art. 1319 du code Napoléon et l'art. 19 de la loi du 25 ventôse an XI sur le Notariat, nous disent que l'acte authentique fait pleine foi en justice par lui-même de tout son contenu ; il suffit de le représenter. La preuve de vérité qu'il porte en lui-même ne peut être détruite, c'est la conséquence nécessaire de la confiance que la loi accorde à l'officier public chargé de recevoir l'acte.

Au contraire, l'acte sous seing privé ne fait foi en justice, qu'autant qu'il n'est pas dénié par celui à qui on l'oppose ; il n'a point de date certaine, il n'acquiert une date certaine que du jour où il est enregistré, du jour de la mort de celui ou de l'un de ceux qui l'ont souscrit, ou du jour où sa substance est constatée dans des actes dressés par des officiers publics (1328 C. N.). Les signatures même qui y sont apposées ne sont regardées comme vraies que du jour où elles ont été reconnues par les parties ou leurs héritiers, soit en justice, soit dans un acte authentique ; les articles 1322 et suivants du code Napoléon sont formels à cet égard.

Il y a plus, l'acte sous seing privé, pour être valable et pour pouvoir être opposé en justice, doit être signé par toutes les parties s'il constate un contrat synallogmatique*, il doit être fait en autant d'originaux qu'il y a de parties ayant un intérêt distinct, et chaque original doit contenir la mention de l'observation de la formalité des doubles.

S'il constate un contrat unilatéral,** il doit être écrit en entier de la main du débiteur et signé par lui, ou s'il est écrit par un tiers, il doit porter la mention écrite de la main du débiteur **Bon** ou **Approuvé**. . . . Cependant, lorsque la signature émane des marchands, artisans, laboureurs, vignerons, gens de journée et de service, il n'est pas besoin du **Bon** ou **Approuvé** (1326 C. N.).

Enfin, lorsque l'acte authentique est contesté, celui qui l'invoque n'est pas tenu d'en prouver la sincérité ; c'est à celui qui le combat à en prouver la fausseté. Par exemple, en vertu d'un acte notarié je vous réclame l'exécution de telle convention, vous refusez, vous prétendez ne rien me devoir ; c'est à vous à prouver la fausseté de mon titre.

Lors, au contraire, que l'acte sous seing privé est contesté, celui qui le combat n'est pas tenu d'en prouver la fausseté ; c'est à celui qui l'invoque à en établir la sincérité. Par exemple, en vertu d'un acte sous seing

---

* Le contrat est synallogmatique lorsque les contractants s'obligent réciproquement les uns envers les autres.

** Le contrat est unilatéral lorsqu'une ou plusieurs personnes sont obligées envers une ou plusieurs autres, sans que de la part de ces dernières il y ait d'engagement.

privé, je vous réclame l'exécution de telle convention, vous refusez, vous prétendez ne rien me devoir; c'est à moi à établir la sincérité de mon titre.

L'acte authentique seul peut être revêtu de la formule exécutoire; l'acte sous seing privé ne le peut jamais. Ainsi, le porteur d'un acte de cette nature, qui veut obtenir l'exécution de la convention qui y est relatée, doit assigner le signataire, afin d'obtenir contre lui un jugement de condamnation; ce n'est qu'en vertu de ce jugement qu'il peut faire des actes d'exécution.

Pendant que ces deux hommes sont devant le tribunal, le débiteur peut dénier ou ne pas dénier sa signature. S'il ne dénie pas, son silence équivaut à une reconnaissance tacite de la vérité de l'acte qu'on lui oppose, alors tout va bien, le tribunal condamne et le demandeur exécute. Mais si le défendeur dénie sa signature, s'il déclare que la signature apposée sur l'acte n'est pas la sienne, cette dénégation fait naître une présomption de fausseté. Qui croire, du demandeur qui affirme ou du défendeur qui nie? Ni l'un ni l'autre; car, l'affirmation du demandeur et la négation du défendeur émanant de simples particuliers, il n'y a aucune raison de croire l'un plutôt que l'autre; la vérité de l'acte est donc incertaine, et comme un doute n'est pas une preuve, il faut en venir à une vérification d'écriture; alors le succès du procès est bien chanceux.

Et pour en finir, quelle confiance le législateur pouvait-il accorder à l'acte sous seing privé, qui, la plupart du temps, est rédigé dans une auberge à l'ombre de plusieurs bouteilles jadis pleines ? Quelle foi pouvait-il ajouter à une signature qui souvent n'est pas celle du signataire, qui souvent est tracée sur une signature au crayon, ou bien encore qui souvent est faite à l'aide d'une main étrangère, quand elle n'est pas faite par le mari pour la femme ou par le fils pour la mère.

Souvent l'acte est mal fait, les intentions des parties sont mal reproduites par le rédacteur dont la tête est échauffée et troublée par de nombreuses et abondantes libations ; jamais il n'est dit un mot de l'origine de la propriété, cependant cette mention a bien son utilité.

Aussi qu'arrive-t-il ? De nombreux procès sans fin ; et pour s'en convaincre, il suffit de jeter les yeux dans un recueil d'arrêtés quelconque.

Ce n'est qu'après bien des années d'un travail laborieux et consciencieux chez un notaire et après avoir subi toutes les épreuves possibles de moralité et de probité que l'on est regardé comme capable de remplir les fonctions de notaire qui exigent une parfaite connaissance des diverses dispositions de nos codes ; et souvent des particuliers entièrement étrangers à l'étude des lois si difficiles à interpréter même par ceux qui ont fait des études spéciales, des particuliers d'une moralité bien douteuse, se chargent de rédiger des conventions qui font loi et enchainent les parties.

Et en outre, très-souvent on néglige de remplir les

formalités les plus essentielles pour l'exécution et l'effi-
cacité de ces actes, faute par vous ou par ces faiseurs
de sous seing privé de les connaitre.

Les habitants des villes qui ont toutes les ressources
possibles, des avocats, des avoués, des huissiers,
reconnaissent le danger qu'il y a de faire les actes sous
la forme privée; et vous, gens de la campagne, qui
n'avez pas d'hommes de loi, qui n'avez que des exploi-
teurs que vous trouvez chez - vous ou que vous vénez
chercher à la ville, vous ne craignez pas de confier
vos intérêts les plus chers à la plume inexpérimentée
d'individus qui ne vous offrent souvent aucune garantie
de moralité, de probité, ou de science juridique, à ces
notaires marrons, concurrents illicites des Notaires. Si
vous êtes quelquefois victimes. vous pouvez dire : c'est
ma faute, *mea culpa.*

A ces nombreux inconvénients, à ces nombreux dangers viennent encore s'en joindre d'autres, notamment
la facilité de perdre des actes qui ne laissent souvent
après eux aucune trace lorsqu'ils n'ont pas été enre-
gistrés et que la mauvaise foi a souvent intérêt à faire
disparaître.

Les actes authentiques, les actes notariés ne présentent aucun de ces inconvénients, aucun de ces
dangers.

VI Malgré tous les inconvénients et dangers qui
existent et que je ne puis tous énumérer à cause des
bornes que j'ai fixées à cette petite brochure, la loi

permet les actes sous seing privé et on en use largement, *scripta lex*. Cependant, il ne faut pas croire que l'usage des sous seings privés n'a pas été reconnu de tous temps comme très-dangereux et très-mauvais. Déjà, les Romains, qui sont nos pères en législation comme en beaucoup de choses, s'en inquiétaient beaucoup ; et Justinien, dans sa 73ᵐᵉ **Novelle,** chapitres **1, 2, 4, 5, 8,** voulait que si l'acte était fait sans le concours du **Tabellion** (*Notaire*) on y appelât trois témoins dignes de foi, qui, en cas de dénégation, pussent venir reconnaître l'écriture et les signatures, et attester que l'acte avait été fait ou souscrit en leur présence. L'acte fait sous la seule signature des parties, hors la présence des témoins, dépendait de la bonne foi et de l'aveu du souscripteur. Celui qui réclamait l'exécution de l'acte n'avait pas d'autre ressource que de déférer le serment à son adversaire. Justinien n'admettait pas dans ce cas la vérification d'écriture qu'il considérait comme trop dangereuse pour servir de base à une condamnation.

En France, on s'en est inquiété depuis bien longtemps aussi. Une ordonnance de François Iᵉʳ du mois d'août 1535 déclare que tous actes ayant trait à la propriété d'immeubles, devront, à peine de nullité, être passés devant notaire. L'ordonnance célèbre de Moulins, donnée par Charles IX, au mois de février 1566, porte que dorénavant, il sera passé contrat par devant notaire et témoins de toutes choses excédant la somme ou valeur de 100 livres, et que la preuve par témoins ne sera pas admise outre le contenu aux actes, ni, sur ce qui serait allégué avoir été dit ou convenu avant, lors et depuis. Un arrêt du conseil du 20 juillet 1756 défendait de rédiger des actes sous seing privé pour autrui.

Déjà, à ces diverses époques, on savait ce que valent les preuves par témoins; car, il faut l'avouer, l'infidélité et la mauvaise foi des témoins est devenue proverbiale. Chacun connait ce viel adage : *Qui mieux abreuve, mieux preuve.*

Entre autres faits qui démontrent le peu de foi que méritent les enquêtes, je vous citerai une anecdote que racontait M. Boncenne. M. Boncenne avait plaidé dans un procès dans lequel il s'agissait de savoir si la fenêtre d'une tour en ruine avait été ouverte depuis plus ou depuis moins d'un an et un jour. Sur **24** témoins, **12** soutiennent qu'elle a été ouverte ; **12** qu'elle ne l'a pas été. Ce sont les premiers qui l'emportent. Plus tard, M. Boncenne, se trouvant par hasard auprès de la masure qui avait donné lieu au procès, causait avec un paysan des circonstances de l'enquête. Douze témoins, disait-il, ayant affirmé ce que les douze autres niaient, il y a eu nécessairement douze menteurs. Douze, répéta le paysan, vous pouvez bien dire 24. Vingt-quatre, répéta l'avocat abasourdi. Oui, Monsieur, 24, puisque la tour était alors ce qu'elle est à présent, et qu'elle n'a pas de fenêtres, comme vous voyez.

V Le Code Napoléon a été moins sage que les or-
donnances que je viens de vous rappeler, et il a permis
les actes sous seing privé. Le Législateur de 1804
était imbu d'idées de liberté, et ceux qui soutiennent
les actes sous seing privé s'abritent encore aujourd'hui
derrière ce mot, **Liberté**, qui est leur grand cheval
de bataille. Ceux-là disent, qu'on doit laisser libres
les citoyens de faire leurs affaires comme ils l'entendent et sous qu'elle forme ils veulent. Cependant, il
serait beaucoup plus raisonnable de ne pas leur per-
mettre de faire mal leurs affaires, et, par suite, de
se créer des ennuis et de se ruiner en procès sans
fin. A mon avis, le Législateur n'a pas plus de raison
pour empêcher qu'une adjudication de meubles, une
donation, une constitution d'hypothèque, un consentement à mariage, un partage par père et mère, une
adjudication d'immeubles après affiches, etc., etc.,
soient faits par actes sous seing privé, qu'une vente,
un bail, nn échange, un billet, etc., etc.

VI Aussi. revient-on à de meilleures idées, à des
idées plus préservatrices ; les bons esprits sentent
le besoin d'une disposition législative qui abolisse
l'usage des actes sous seing privé ou tout au moins
qui en assure la conservation en obligeant les parties
à les déposer chez les notaires.

En 1828, les Notaires de l'arrondissement de Laon,
par un mémoire qu'ils lui ont présenté, ont appelé
l'attention du Gouvernemeut sur l'abus des actes sous

seing privé.

En 1834, un honorable Magistrat, membre de la Chambre des Députés, M. Gillon, lors de la discussion de la loi sur les **Ventes publiques de Récoltes pendantes par racines,** disait le 26 décembre : « *Je place haut le Notariat, car je l'élève jusqu'au degré de magistrature des familles, mais le présent qu'on essaie de lui faire ne me semble pas le meilleur. — Je préférerais de beaucoup une loi qui obligerait à déposer chez les notaires les actes sous seing privé dont la disparition est si féconde en procès et en embarras inextricables ; ce serait un accroissement de travail et de gain plus digne des notaires auxquels l'autorité gouvernementale doit une protection sage et puissante.* » D'autres voix puissantes, entre autres, celles de MM. Gaillard-Kerbertin, Desabes et du Garde des Sceaux s'élevèrent en faveur du Notariat. (*Moniteur du* 27 *décembre* 1834).

En 1845 et même en 1863, la Chambre des Députés a été saisie de nouveau de plaintes et même de projets de loi dont le but était de supprimer l'usage des actes sous seing privé. Jusqu'à maintenant, le Gouvernement n'en a rien fait ; cependant, il faut espérer qu'à la prochaine Session, la Chambre sera appelée à résoudre cette question qui intéresse à un si haut point l'ordre public et la tranquillité des familles.

Une preuve encore que tous les bons esprits, comme

je vous le disais tout à l'heure, sentent le besoin de supprimer les actes sous seing privé, c'est que tous les Recteurs d'académie font défense expresse aux instituteurs de se prêter à la rédaction de pareils actes, et que bon nombre de jugements et arrêts constatent des condamnations prononcées contre des juges de paix, greffiers, secrétaires de mairie, géomètres, anciens notaires, avoués, huissiers, etc., etc., ayant empiété sur les fonctions de notaires.

Je crois vous avoir suffisamment démontré les avantages que vous pouvez trouver à faire vos affaires par actes passés devant notaires. Je ne pensais pas m'arrêter aussi longtemps sur ce sujet, mais il y a tant à dire que vous excuserez bien ma longue dissertation; du reste, nous devons vous instruire, vous éclairer et vous prévenir contre les dangers qu'il y de mal régler ses affaires.

VII Il me reste à vous demander quelles sont les raisons qui vous déterminent si souvent à adopter cette misérable forme sous seing privé.

Je me creuse la tête et après avoir bien raisonné, bien réfléchi j'en trouve bien peu. Cependant je connais les motifs que vous m'avez révélés. C'est dans un but d'économie, dites-vous. Voyons un peu si votre raisonnement est juste et si vous atteignez le but que vous vous proposez.

1^ment C'est pour économiser des droits d'enregistrement.

Vous dites vrai : 1° en ce sens que vous déguisez le prix des ventes, les soultes, la valeur des immeubles échangés etc. , plus que vous n'osez le faire quand vous contractez par-devant notaire; nous savons tous que le but avoué des sous seings privés est une fraude aux droits du fisc et 2° encore en ce sens que très-souvent vous ne faites pas même enregistrer. Mais votre raisonnement est très-mauvais quoique spécieux. Quand vous déguisez le prix, vous échappez rarement à la surveillance et aux recherches de l'administration; si vous trompez le Receveur, vous avez encore le Vérificateur, puis l'Inspecteur; et lorsque vous êtes pris, vous payez le double droit. Et quand vous ne faites pas enregistrer, il arrive bien rarement que l'administration ne découvre pas la fraude; elle découvre la mutation, et vous savez qu'elle est autorisée à poursuivre le recouvrement des droits de mutation de propriété et de jouissance d'immeubles indépendamment de la représentation de l'acte. Du reste vous ne pouvez vous dispenser de faire enregistrer, attendu que vous ne devenez propriétaires que par la transcription, ainsi que nous le verrons, et qu'un acte ne peut être présenté à cette formalité qu'après avoir été enregistré.

Pour cette première partie voyez si vous pouvez réaliser une économie quelconque.

2^{ment} C'est pour économiser les droits de transcription.

Le raisonnement que vous pouvez tenir relativement aux droits à percevoir lors de la transcription de votre acte est aussi mauvais que celui que vous avez pu tenir à l'égard des droits d'enregistrement. Dabord, parceque les droits sont peu élevés pour les espèces d'actes que vous pouvez faire sous signature privée; et ensuite, parce que la loi du 23 mars 1855, dit impérieusement dans ses articles 1 et 2, que tout acte entre-vifs translatif de propriété immobilière ou de droits réels susceptibles d'hypothèque; tout acte portant renonciation à ces mêmes droits; tout acte constitutif d'antichrèse, de servitude, d'usage et d'habitation; tout acte portant renonciation à ces mêmes droits etc., etc., sera transcrit au Bureau des hypothèques de la situation des biens, et qu'il n'aura d'effet à l'égard des tiers, qu'autant qu'il aura été transcrit. Vous ne pouvez donc plus dire : à quoi bon transcrire ? Sans la transcription vous n'êtes pas propriétaire. Nous examinerons plus tard, si un acte sous seing privé peut être présenté à la transcription.

Pour cette seconde partie, avez-vous pu réaliser quelque économie.

3^{ment} C'est pour économiser les honoraires du Notaire.

Voyons si vous serez plus heureux : j'en doute et je dis non. Car, comment se passent habituellement les faits ? Le voici : l'acheteur et le vendeur se rendent à l'auberge voisine où ils font la rencontre de quelques parents et amis. On les invite à prendre un verre. Le faiseur de sous seing privé du village, qui a flairé l'affaire, arrive à l'auberge avec bruit. Il se met comme par hasard au bout de la table, et crainte qu'on l'oublie, il se mêle à la conversation. On l'invite aussi, c'est-à-dire l'acheteur lui verse une verrée parce qu'il plaide en sa faveur, sans oublier pourtant de faire le clin d'œil de rigueur au vendeur qu'il tient aussi à caresser. Enfin on ne fait plus qu'une même table : on boit, les bouteilles se succédent, on fait l'acte, on soupe ensuite, puis vient la tasse de rigueur, et l'on boit encore avec tous les amis et connaissances qui arrivent. Vient enfin l'heure de passer au comptoir : on discute le tarif de l'aubergiste que l'on trouve trop élevé. L'hôtesse, bonne femme du reste, pour calmer les esprits, offre une petite goutte de *chien* qui est acceptée avec plaisir. Ce n'est pas tout, j'entends par derrière un homme qui parle haut : c'est le faiseur de sous seing privé qui crie à tout le monde que c'est lui qui a terminé l'affaire. Alors l'acquéreur se rappelle que toute peine mérite salaire, et lui paie la forte rançon demandée. De bonne foi, vous êtes obligés le landemain, d'avouer que votre acte vous a coûté le double qu'il ne vous aurait coûté chez le notaire, qui pourtant lui aurait donné l'authenticité. Vous avez profité de la dépense, c'est vrai, vous avez bu plus que vous n'auriez bu chez le notaire qui n'offre que ses bonnes grâces.

Veuillez me dire encore où sont les économies que vous avez réalisées sur ce troisième point.

Vous faites donc erreur dans vos calculs, erreur est toujours erreur ; tant il est vrai de dire : *Errare humanum est.*

VIII Non, ce n'est pas par des motifs d'économie que vous désertez les Études de notaires, vous devez avoir d'autres raisons que je ne connais pas. Voyons cependant, faisons des suppositions ; il est toujours permis d'en faire.

Oserais-je supposer que vous manqueriez de confiance dans la discrétion, la probité, la moralité et la science des Notaires, que vous manqueriez d'estime pour eux ? Oh ! non, c'est impossible, et je proteste au nom de tous, car vous en trouvez beaucoup qui réunissent toutes ces garanties, même à un très-haut degré. S'il en était autrement, le Notariat serait bien à plaindre et le Gouvernement bien coupable de n'y pas apporter d'énergiques réformes.

Cependant examinons :

Vous exigez du notaire la plus muette et incorruptible discrétion, vous voulez qu'il garde le secret de ce que vous avez dit et fait devant lui : vous êtes dans votre droit, et la loi l'exige. Aussi, avec vous, l'art. 378 du code pénal, et l'art. 23 de la loi du 25 ventôse an XI sur le Notariat, sont formels et impératifs. Le Notaire est votre confesseur forcé,

et, si vous êtes obligés de vous confesser à lui, ce
ne peut être qu'à la condition tacite qu'il ne révé-
lera rien de vos affaires, que sa main gauche ignorera
ce que la droite a fait. Mais, est-ce chose facile que
d'empêcher un secret de sortir de l'Étude ? Oui et non.
Oui, pour le notaire ferme et énergique qui, habitué
à la discrétion dès son enfance, c'est-à-dire depuis
qu'il était clerc, ne permettrait pas même à son père
de mettre le nez dans les affaires. Non, pour le notaire faible et sans énergie, qui se laisse dominer
par un ou deux amis influents par leur position, parce
qu'ils sont craints, qui, sous prétexte de lui donner
de l'importance, ne sortent pas de son Étude, s'y
installent comme chez-eux, voient et entendent tout,
se mêlent à la conversation, et souvent font mine
d'imposer leur volonté. Sachez le bien, dans une Étude
où vous rencontrez toujours de ces parasites importuns
et inextirpables, vous n'y trouvez pas de secret possible.
Ils sont là, parce qu'ils y ont un avantage quelconque
ou une passion à servir. Passez, si vous voulez, dans
le cabinet du notaire pour lui expliquer votre affaire
en dehors de la présence de ces personnages insup-
portables : deux minutes après, ceux-ci la connaîtront
comme si vous l'aviez traitée avec eux-mêmes. La
pression qu'ils exercent sur le notaire est si puissante,
qu'il est obligé, pour conserver leur protection, de
céder à toutes leurs volontés.

Je n'oserais parler de la probité et de la moralité
du notaire; car, s'il venait à manquer de ces vertus

la Chambre des Notaires de l'arrondissement ou le Ministère public ne ferait pas attendre un châtiment justement mérité.

Je ne puis pas davantage supposer que vous manqueriez de confiance dans sa science juridique, dans ses connaissances, dans son savoir en un mot. Car, il ne peut pas me venir à l'idée, qu'après avoir travaillé pendant très-longtemps dans une étude de notaire, et même quelquefois, après avoir pris des grades dans une faculté de droit, tels que licence ou doctorat, un notaire ne soit pas capable de faire bien ce qui se présente, et surtout les affaires que vous pouvez faire dans la forme privée. Le notaire doit pouvoir vous instruire, et même il est de son devoir de vous éclairer sur toutes les conséquences de vos conventions. Si, pour rédiger les clauses et conditions de votre acte il est obligé de recourir avec ses notes à la main aux conseils de son voisin le juge de paix, l'avocat, l'avoué, l'huissier ou l'ex-huissier, oh ! alors il n'y a plus de secret, et ce n'est pas étonnant que vous manquiez de confiance. Le notaire doit pouvoir se passer de tous.

Il est parfaitement admis que le Notariat jouit de la considération et de l'estime publique dans toute la France. Je n'ose donc pas supposer que vous fassiez exception à cette règle si bien et si justement établie. Cependant, quelquefois vous êtes bien obligés de faire exception à cette règle. En effet, quelle estime, quelle considération pouvez-vous avoir pour le notaire qui

a des relations intimes avec des gens eux-mêmes peu
estimables, pour le notaire qui vous est imposé ou
amené par le juge de paix, sans vos ordres, pour
dresser votre inventaire après la levée des scellés,
pour le notaire qui a des coureurs d'affaires occupés
toute la journée, et dès le matin à flairer à droite
et à gauche pour savoir de quel côté vient le vent.
Voient-ils arriver deux personnes ensemble à l'extré-
mité de la rue, vite ils se précipitent à leur rencontre;
bonjour Pierre et Paul, vous voilà dans notre localité,
ça ne vous arrive pas souvent. Avez-vous quelque
procès ou quelque marché à faire? Si ces deux hommes
répondent oui, eh bien, nous allons vous accompagner
chez le notaire N... qui est de nos amis, il arrangera
bien votre affaire. Mais ce notaire n'est pas le vôtre,
cependant vous vous laissez faire ou bien vous trouvez
une excuse; Jean vous attend, une commission pres-
sante vous appelle chez Louis. Vous aurez beau aller
et venir, vous serez bien adroit si vous échappez au
flair de ces fameux limiers qui ont en expectative
quelques émoluments à partager avec leur protégé.
Enfin, quelle estime pouvez-vous avoir pour le notaire qui vient lui même ou par ses limiers vous offrir
ses services, quand il apprend que vous avez un acte
à faire, ou bien encore pour le notaire avec lequel
vous marchandez les honoraires comme s'il s'agissait
d'une pièce de bétail, et qui finit par faire votre acte
au dessous du tarif. Vous dites bien certainement :
ou bien il manque de capacité et ne peut lutter avec

ses confrères que par ce moyen, ou bien c'est un coureur qui veut faire des actes quand même.

Mais j'en ai bien assez dit; et j'aurais dû laisser à une plume plus exercée que la mienne le soin de faire la critique des actes sous seing privé.

CHAPITRE II

DE LA TRANSCRIPTION.

Sommaire.

I Je reviens au but créateur de mon sujet, et je vais vous parler de la transcription et de cette fameuse petite loi du 23 mars 1855.

Je ne vous dirai rien de son utilité, la loi existe, nous devons nous y soumettre, je pars de ce point.

Je n'aurai que quelques mots à vous dire sur le premiers articles de cette loi.

Mais avant d'entrer dans l'explication de cette loi et particulièrement de l'article 9 qui fait l'objet d'un autre chapitre, je dois vous dire ce qu'on entend par transcription.

M. Suin, Conseiller d'État, dans l'exposé des motifs de la loi du 23 mars 1855, la définit ainsi :

« La transcription est l'accomplissement d'une for-
« malité destinée à procurer aux tiers, créanciers ou
« acquéreurs, la publicité matérielle, durable et facile
« à chercher, des mutations de la propriété immobi-
« lière et des démembrements ou charges qui peuvent
« en altérer la valeur »

Elle consiste dans la copie exacte et littérale des contrats contenant transport de la propriété d'immeubles ou droits immobiliers sur un registre public à ce destiné et tenu par le Conservateur des hypothèques dans l'arrondissement duquel les biens aliénés sont situés.

II La transcription n'est pas d'invention nouvelle, les Romains la connaissaient sous le nom d'**Insinuation**. En effet, l'Empereur Constance Chlore, introduisit, pour la validité des donations, la nécessité quelles fussent insinuées, c'est-à-dire, transcrites dans les actes publics. L'insinuation n'était requise que pour les donations dépassant 200 solides, ses successeurs maintinrent l'insinuation dans les mêmes limites. Mais l'Empereur Justinien décida que l'insinuation ne devait être requise que pour les donations dépassant 500 solides. *Et cum retro principum dispositiones insinuari eas actis intervenientibus volebant, si majores fuerant ducentorum solidorum, constitutio nostra eam quantitatem usque ad quingentos solidos ampliavit.*

En France, jusqu'à François Ier, l'insinuation n'était pas en usage au moins dans les provinces de droit coutumier. La formalité du Nantissement, dans les pays appelés de Nantissement, n'était autre chose que la transcription. Dans ces coutumes en effet, la transmission de la propriété immobilière n'était parfaite que par l'accomplissement de certaines formalités appelées **Vest** et **Devest, Saisine** et **Dessaisine, Adhéritance** et **Deshéritance, Devoirs de loi, Mise de fait, Main mise......**

Dans les principes de droit féodal, on admettait comme maxime, qu'il n'y a nulle terre sans Seigneur. Les Seigneurs étaient autrefois propriétaires de tous les héritages situés dans l'étendue de leurs territoires respectifs. Dans la suite, ils en avaient inféodé ou accensé une partie à leurs vassaux, mais en retenant le domaine direct: en sorte que ceux-ci, ne pouvant se dire propriétaires absolus, mais, n'étant en quelque sorte que de simples bénéficiers, étaient obligés, à chaque mutation de fief, de faire intervenir le Seigneur suzerain pour qu'il donnât l'investiture au nouveau propriétaire. De là, l'origine du Nantissement qui se faisait de plusieurs manières que je n'expliquerai pas ici, ça n'a aucune importance pour vous.

III L'abolition de la formalité du nantissement fut la conséquence de l'abolition des justices seigneuriales en 1789, attendu que le nantissement consistait, de la part du vendeur, à se dessaisir entre les mains du Seigneur justicier, et, de la part de l'acquéreur, à se faire ensaisiner par le seigneur.

La formalité du nantissement fut remplacée provisoirement par la transcription des contrats au Greffe du tribunal du District de la situation des biens. Voici ce que portait à cet égard, l'art. 3 du décret du 19 septembre 1790 : « à compter du jour où les tribu-« naux de District seront installés dans les pays de « nantissement, les formalités de saisine et dessaisine, « vest et devest....... seront et demeureront abolies; « et, jusqu'à ce qu'il en ait été autrement ordonné, « la transcription des Grosses des contrats d'aliéna-« tion ou d'hypothèque en tiendra lieu et suffira en « conséquence pour consommer les aliénations et les « constitutions d'hypothèques...... »

La loi du 9 messidor an III, et plus tard celle du 11 brumaire an VII, ont fait cesser les dispositions transitoires des art. 3 et 4 du décret du 19 septembre 1790 en créant un régime hypothécaire nouveau applicable à toute la France. En effet, l'art. 26 de la loi du 11 brumaire an VII porte que : « Les actes translatifs de biens et droits susceptibles d'hypothè-ques doivent être transcrits sur les registres du bureau de la conservation des hypothèques dans l'arrondissement duquel les biens sont situés. Jusque là, ils ne peuvent être opposés aux tiers..... »

Dès lors, sous l'empire de cette loi, entre deux acquéreurs ou donataires du même immeuble, celui-là devait être préféré, qui avait fait transcrire le premier son contrat, quoique ce contrat fût postérieur en date à celui de l'autre acquéreur ou donataire. De même, le vendeur ou donateur était toujours réputé propriétaire tant que l'acquéreur ou le donataire n'avait pas fait transcrire. Les hypothèques constituées par ce vendeur ou donateur sur l'immeuble, depuis la donation ou la vente, étaient valables si elles étaient inscrites avant la transcription.

Le Code Napoléon, à son tour, changea ce système, et, il avait consacré, pour la vente, dans l'art. 1583, la règle que le contrat est parfait par le seul consentement des parties, aussi bien vis-à-vis des tiers que vis-à-vis des parties elles-mêmes. Le Code ne conserve la transcription que comme préliminaire de la purge des priviléges et des hypothèques. La transcription continua d'être exigée pour les donations et les substitutions.

Le Code de procédure civile, sans rétablir le principe de la loi de brumaire an VII, apporta, cependant, une grande modification aux dispositions du Code Napoléon, relativement à l'inscription des priviléges et des hypothèques pour les aliénations à titre onéreux

L'art. 834 accorda aux créanciers, qui, ayant privilége ou hypothèque sur un immeuble, ne l'auraient pas fait inscrire antérieurement à l'aliénation de cet immeuble, la faculté de prendre inscription postérieurement à l'acte translatif de propriété, mais au plus tard, dans la quinzaine de la transcription de cet acte. Cette faculté n'était pourtant accordée que lorsqu'il s'agissait d'aliénation volontaire.

IV Les choses ont ainsi subsisté jusqu'à la loi du 23 mars 1855 qu'on désirait et attendait depuis fort longtemps. Mais on l'espérait mieux faite qu'elle ne l'a été, car en réalité elle ne peut être qu'une mine à procès, attendu qu'elle laisse dans l'ombre un grand nombre de questions et en fait naître autant. Il était impossible qu'il en fût autrement, car cette loi a été extraite d'un projet général de réforme hypothécaire et tant soit peu modifiée.

Cette loi du 23 mars 1855, par ses articles 1 et 2, soumet à la transcription, c'est-à-dire à la publicité, de même que la loi de brumaire an VII, non-seulement tout acte entre-vifs (ou jugement en tenant lieu) translatif de propriété immobilière ou de droits réels susceptibles d'hypothèque, mais encore tout acte constitutif d'antichrèse, de servitude, d'usage et d'habitation. Elle y soumet également les actes de renonciation à des droits de même nature ; les baux d'une durée de plus de dix-huit ans, et tout acte ou jugement constatant, même pour un bail de moindre durée, quittance ou cession d'une somme équivalente à trois années de loyers ou fermages non échus. Et comme sanction à ces dispositions, l'art. 3 de la même loi porte que : « jusqu'à la transcription, les droits résultant des actes et jugements énoncés aux art. 1 et 2, ne peuvent être opposés aux tiers qui ont des droits sur l'immeuble et qui les ont conservés, en se conformant aux lois......... » C'est la reproduction presque textuelle du deuxième alinéa de l'art. 26 de la loi du onze brumaire an VII.

Déjà, depuis assez longtemps, plusieurs États nos voisins, ont adopté une organisation semblable à celle qui nous régit aujourd'hui. Ainsi, l'Autriche, depuis 1811 ; la Prusse, depuis nombre d'années ; les Pays-Bas, depuis 1838 ; la Belgique, depuis 1851 ; les États de l'Église, quoiqu'on les dise arriérés, depuis 1834 ; nous sommes donc loin d'être les premiers.

Il résulte donc impérieusement des trois premiers articles de la loi du 23 mars 1855, qu'aujourd'hui, comme sous la loi du onze brumaire an VII, le simple consentement des parties ne suffit plus pour transporter la propriété d'un individu à un autre comme s'en contentait l'art. 1583 du Code Napoléon ; mais il faut que l'acte constatant cette transmission soit absolument transcrit au Bureau des hypothèques de la situation des biens aliénés. La nouvelle loi ne détermine pas le délai dans lequel on doit requérir la transcription. L'acquéreur qu'elle intéresse ne doit donc pas s'endormir dans une imprudente confiance ; qu'il

n'oublie jamais que, puisqu'elle n'a pas d'effet rétro-
actif, le plus léger retard à la faire effectuer peut
entraîner la perte de son droit. Un acquéreur ne devient propriétaire incontestable, bien assis et bien
certain, que par la transcription de son acte; jusque
là, votre vendeur peut revendre à un autre acquéreur
ou consentir des hypothèques sur le bien qu'il vous
a vendu. Ce nouvel acquéreur vous sera préféré s'il a
fait transcrire avant vous, tout comme l'hypothèque
constituée par ce vendeur sur l'immeuble sera valable
et sortira son plein et entier effet, si elle a été inscrite
avant la transcription de votre acte.

Exemple : Primus vend un immeuble à Secondus,
moyennant prix payé comptant si vous le voulez;
Secondus confiant dans la bonne foi et la solvabilité
de Primus ne se presse pas de faire transcrire son
acquisition, et même il dit que la transcription est
inutile. Mais, le même jour ou quelque temps après,
Primus revend le même immeuble à Tertius, ou bien
lui consent une hypothèque sur l'immeuble pour garantir un emprunt, Tertius très-prudent fait transcrire
son acte d'acquisition ou bien prend inscription avant
Secondus. Alors dans ce cas Tertius sera préféré à
Secondus, c'est-à-dire qu'il sera propriétaire ou que
son hypothèque produira son effet, et que Secondus
n'aura rien du tout qu'une action garantie contre Primus
qui aujourd'hui est insolvable ; en sorte que l'argent
de Secondus est bien perdu.

Il en sera de même s'il survient des hypothèques

légales ou judiciaires; il ne restera dans l'un et l'autre cas qu'une ressource à Secondus, s'il est encore dans les délais dont nous parlerons tout-à-l'heure.

VI L'effet général et immédiat de la transcription est donc d'arrêter le cours des inscriptions de la part des créanciers des précédents propriétaires, et par là même, de consolider la propriété. Néanmoins, l'art. 6 de la loi que nous étudions, apporte une restriction à ce principe, en faveur du vendeur primitif en cas de ventes successives. Aux termes de l'art. 2103 du Code Napoléon, le vendeur, pour avoir paiement du prix, a un privilége sur l'immeuble par lui vendu. Ce privilége lui confère deux droits bien distincts, à savoir : 1° le droit de se faire payer par *préférence* à tous autres créanciers sur le prix de l'immeuble affecté, et 2° le droit de le *suivre* entre les mains des tiers-acquéreurs, même de bonne foi, et de les contraindre d'en faire l'abandon ou d'en subir l'expropriation, s'ils ne préfèrent payer le montant intégral de la dette à la sûreté de laquelle il est affecté. De là, les dénominations de droit de préférence et de droit de suite. Ce privilége se conserve par la transcription du titre qui a transféré la propriété à l'acquéreur (2108 C. N.). Si ce vendeur originaire a négligé de faire opérer la transcription de sa vente, s'il a négligé d'obliger son acquéreur à faire transcrire, et que ce dernier ait revendu avant l'accomplissement de cette formalité à un sous-acquéreur qui a fait transcrire, le privilége du vendeur primitif est perdu. Toutefois, et par une faveur particulière, notre art. 6 permet à ce vendeur primitif, d'inscrire son privilége, même après la transcription de l'acte par lequel son débiteur a disposé de son gage, pourvu qu'il le fasse dans les 45 jours de la vente primitive. Si plus de 45 jours se sont écoulés depuis sa vente, il rentre dans le droit commun, et il est dépouillé aussi bien de son droit de préférence que de son droit de suite; il est frappé de déchéance à l'égard de l'un comme à l'égard de l'autre.

Pour bien vous faire comprendre la position, je vais vous donner deux exemples.

Primus vend sa maison à Secondus moyennant 10000 Fr. payables à termes; Secondus fait transcrire de suite, soit volontairement soit que Primus l'oblige à le faire, Secondus est bien garanti d'être propriétaire incontestable, car Primus ne peut plus vendre ni consentir d'hypothèque, et Primus aussi est bien garanti d'être payé, puisque son privilége (c'est-à-dire son droit de suite et son droit de préférence) lui est assuré par la transcription lors même que Secondus revendrait à un sous-acquéreur.

Autre exemple : Primus vend sa maison à Secondus moyennant 10000 Fr. payables à termes; Secondus ne fait pas transcrire et il revend à Tertius qui fait transcrire. Si Primus est encore dans les 45 jours de sa vente à Secondus, il sera tenu, à peine de perdre son privilége, de le faire inscrire; mais, s'il s'est écoulé plus de 45 jours depuis sa vente, tout est perdu.

La position du vendeur originaire est encore bien plus mauvaise si c'est par acte sous seing privé qu'il a vendu; qu'il soit dans les 45 jours ou non de sa vente, tout est perdu pour lui, car aux termes de l'art. 2148 du Code Napoléon, pour opérer une inscription, le créancier requérant doit représenter au Conservateur des hypothèques *l'expédition authentique* de l'acte qui donne naissance au privilége. Pour avoir une expédition authentique, il faut nécessairement que l'acte soit authentique lui-même.

VII En outre de son privilége, le vendeur a encore une action contre son acquéreur, appelée action résolutoire. Cette action donne le droit au vendeur de demander et d'obtenir l'annulation du contrat pour défaut d'exécution de la part de l'acquéreur, puis, de rentrer dans la propriété par lui aliénée. L'effet de la condition résolutoire accomplie est d'opérer la révocation de la vente, d'en effacer toutes les conséquences, en un mot, de remettre les choses au même état que si le contrat n'avait pas eu lieu. Aussi, l'action résolutoire atteint non-seulement l'acheteur, mais encore les sous-acquéreurs, les créanciers hypothécaires et généralement tous ceux qui ont obtenu de l'acheteur quelque droit réel sur l'immeuble (art. 1183 et 1654 C. N.).

D'après les principes du Code Napoléon, l'action résolutoire que le vendeur non payé peut intenter aux termes de l'art. 1654 était occulte; elle n'était soumise à aucune condition de publicité. La loi du 23 mars 1855, en laissant subsister les principes du code relatifs à l'action résolutoire, veut dans son art. 7, que l'action résolutoire ne puisse être exercée après l'extinction du privilége du vendeur, et il dispose que l'extinction de ce privilége entraine l'extinction de l'action résolutoire au regard des tiers qui ont acquis des droits sur l'immeuble du chef de l'acquéreur.

Primus a vendu à Secondus moyennant un prix qui lui reste dû, Secondus a revendu à Tertius qui a fait transcrire. De deux choses l'une, Primus a conservé son privilége par la transcription de sa vente ou par une inscription prise dans les 45 jours de sa vente, ou bien il a perdu son privilége en ne faisant pas transcrire ou en laissant passer les 45 jours de sa vente sans s'inscrire; dans le premier cas, il peut exercer l'action résolutoire aussi bien contre Tertius que contre Secondus, mais au second cas, il a perdu et son privilége et l'action résolutoire.

Ainsi donc, le vendeur par acte sous seing privé ne pouvant conserver son privilége au moyen d'une inscription, n'a pas d'action résolutoire contre son acquéreur.

VIII Nous avons dit que le vendeur par acte sous seing privé ne peut conserver ni son privilége ni l'action résolutoire au moyen de l'inscription, mais au moins peut-il conserver son privilége en faisant transcrire sa vente; ce qui revient à la question de savoir si l'acte sous seing privé peut être admis à la transcription. Si je répondais non, je crois fermement que je ne serais pas à côté de la vérité. La transcription est favorable à la fraude et dangereuse pour les tiers. Les actes sous seing privé renferment souvent des obscurités, des fautes, des irrégularités, et des nullités. La transcription qui en est faite malgré ces vices leur donne une apparence de valeur qui tend à faire illusion et à tromper les tiers. Elle dissimule les cas les plus graves et les plus fréquents, tels que la signature du mari pour la femme, du fils pour le père ou la mère, etc. Des dangers d'une autre nature peuvent se présenter : l'original de l'acte sous seing privé peut être perdu, détruit, altéré ; la transcription opérée par une seule des parties ne fait pas foi contre l'autre : les tiers ne peuvent pas non plus l'invoquer comme preuve absolue en l'absence du titre original ; voilà leur intérêt compromis. Enfin on peut faire transcrire un acte faux. Dans tous ces cas la transcription loin d'être une garantie devient un péril.

Lors de la transcription d'un acte de vente, le Conservateur des hypothèques formule sur ses registres une inscription dite d'office constatant que le prix est encore dû, en tout ou en partie, au vendeur ou au bailleur de fonds qui lui est subrogé. Mais nous savons déjà qu'une inscription ne peut être prise qu'en vertu d'un acte solennel, d'un acte authentique, d'un acte émanant d'un notaire ou d'un tribunal ; or l'acte sous seing privé, ainsi que nous l'avons vu, n'est pas solennel, n'est pas authentique, il ne peut donc être pris d'inscription valable en vertu d'un acte rédigé en cette forme émanant de simples particuliers. En conséquence, je crois que sans crainte de se tromper, on pourrait très-bien conclure que, l'inscription prise d'office, lors de la transcription d'un acte sous seing privé, est nulle à l'égard des tiers qui pourront traiter avec l'acquéreur, et le payer sans s'inquiéter du premier vendeur.

Et cependant, malgré les dangers que je viens de passer en revue avec vous, il s'est trouvé bon nombre de députés, lors de la discussion de la loi du 23 mars 1855, qui ont appuyé, je ne sais pourquoi, ce mauvais système consacré par l'usage, en ne distinguant pas entre l'acte authentique et l'acte sous seing privé.

Voyez donc encore le péril et l'anomalie qui existent dans les lois sur la matière que je traite. La loi du 22 frimaire an VII, art. 22, vous donne trois mois pour faire enregistrer votre acte sous seing privé, et la loi du 23 mars 1855, vient à son tour, vous dire dans ses art. 3 et 6, que jusqu'à la transcription de votre acquisition, votre vendeur peut revendre à un autre, ou que ses créanciers peuvent utilement prendre des inscriptions sur l'immeuble que vous avez acquis. Comparez ces deux lois et vous trouverez le résultat le plus désastreux. Vous avez confiance dans la loi de frimaire an VII, et la loi du 23 mars 1855 vient par derrière, en traitre, vous tendre un piége, en vous obligeant à transcrire de suite à peine de déchéance.

L'acte authentique, l'acte notarié enfin ne présente jamais ce dangereux résultat, car le notaire fait enregistrer et transcrire de suite, tant pour sauvegarder sa responsabilité, que pour mettre son client à l'abri de toute tracasserie.

IX Nous avons dit que la transcription a pour effet d'arrêter le cours des inscriptions. Disons aussi qu'elle suffit, comme avant la loi du 23 mars 1855, pour purger les droits des créanciers hypothécaires, qui ne se sont pas inscrits avant l'accomplissement de cette formalité, ou dans les 45 jours de leurs contrats; et cela, sans qu'il soit nécessaire que le contrat transcrit contienne la nomenclature des anciens contrats, ou indique les noms des précédents propriétaires.

Mais en est-il de même à l'égard de l'hypothèque légale des femmes mariées, des mineurs et des interdits, qui existe indépendamment de l'inscription? Évidemment non : l'art. 6 de notre loi est ainsi conçu : « à » partir de la transcription, les créanciers privilégiés » ou ayant hypothèque, aux termes des art. 2123, » 2127 et 2128 du Code Napoléon, ne peuvent prendre » utilement inscription sur le précédent propriétaire. » ..... Les art. 834 et 835 du code de procédure » sont abrogés. » L'art. 6, en renvoyant aux art. 2123, 2127 et 2128 du Code Napoléon, c'est-à-dire, aux hypothèques judiciaires et conventionnelles, a entendu excepter les hypothèques légales de sa disposition.

Il n'y a pas eu de renvoi à l'art. 2121 du Code Napoléon où il est question des hypothèques légales des femmes, des mineurs et des interdits. Ces hypothèques, dispensées d'inscription, pendant l'existence du mariage, la durée de la tutelle et une année après, restent sous l'empire des art. 2189 et 2195 du même code, et peuvent être valablement inscrites, même après la transcription, tant que le délai déterminé par ces articles n'est pas expiré. Ceci n'est vrai que pendant la durée du mariage ou de la tutelle, ou dans l'année qui suit la dissolution du mariage ou la cessation de la tutelle; car l'art. 8 de notre loi dit que : la veuve, le mineur devenu majeur, l'interdit relevé de l'interdiction, sont obligés de faire inscrire leur hypothèque légale dans l'année de la dissolution du mariage ou de la cessation de la tutelle, et que, faute de se conformer à cette prescription, leur hypothèque ne date, à l'égard des tiers, que du jour des inscriptions prises ultérieurement. Par conséquent, si plus d'une année s'est écoulée depuis l'un ou l'autre des évènements ci-dessus mentionnés, et que la transcription de la vente de l'immeuble sur lequel frappait l'hypothèque légale soit effectuée avant qu'elle ne soit inscrite, elle sera purgée comme une simple hypothèque judiciaire ou conventionnelle.

X Mais puisque la transcription est de rigueur pour devenir propriétaire incommutable et bien paisible, vous allez sans doute me dire : indiquez - nous donc nominativement les actes qui sont soumis à cette for-

malité. Je n'ai pas à le faire dans cette petite brochure :
c'est à votre notaire à le savoir, et si vous n'avez pas
de notaire, faites toujours transcrire toutes vos acqui-
sitions et vos échanges, si vous les faites encore dans
la forme privée, malgré les nombreux dangers que
je vous ai énumérés, et malgré ceux que nous verrons
encore.

Je n'examinerai pas les articles 4 et 5 ; ils vous
touchent de moins près que les autres, et je passe
outre pour arriver à l'article qui vous intéresse le
plus.

CHAPITRE III

DE L'HYPOTHÈQUE LÉGALE.

Sommaire.

I Ce qu'on entend par hypothèque légale.

II Hypothèque légale des femmes. — Sur quels immeubles elle frappe.

III Droits et Créances garantis par l'hypothèque légale.

IV Subrogations et renonciations à l'hypothèque légale. — Dans quels cas la femme peut subroger ou renoncer.

V Subrogations expresses ou tacites.

VI Nécessité de l'authenticité des subrogations ou renonciations.

VII Nécessité d'un mandat authentique.

VIII La femme co-venderesse renonce-t-elle valablement à son hypothèque légale dans un acte sous seing privé ?

IX Résultats obtenus par la purge.

I J'arrive à l'examen de l'art. 9 de la loi du 23 mars 1855 qui a trait à l'hypothèque légale des femmes et à la cession qu'elles peuvent en consentir. Cette partie de mon travail est de la plus haute importance pour vous : c'est celle qui offre le plus d'intérêt.

Cet article 9 porte :

« Dans le cas où les femmes peuvent céder leur « hypothèque légale ou y renoncer. . . . . »

Vous savez déjà tous que les femmes mariées, les mineurs et les interdits ont une hypothèque sur les biens de leurs maris et tuteurs ; vous savez aussi que l'Etat, les communes et les Établissements publics ont une hypothèque sur les biens des receveurs et administrateurs comptables. En effet, l'art. 2121 du Code Napoléon dit : « Les droits et créances auxquels l'hypothèque légale est attribuée sont : ceux des femmes mariées, sur les biens de leurs maris ; ceux des mineurs et interdits, sur les biens de leurs tuteurs ; ceux de l'État, des communes et des Établissements publics, sur les biens des receveurs et administrateurs comptables. » Cette hypothèque s'appelle légale, par ce qu'elle dérive de la loi seule, qu'elle a son fondement dans la loi et qu'elle ne tire son autorité que de la loi. Cependant si elle s'appelle légale, c'est bien moins par ce qu'elle a son principe dans la loi que par ce qu'elle existe de plein droit, par la seule volonté du législateur, indépendamment d'une manifestation quelconque de la part, soit de celui auquel l'hypothèque est accordée, soit de celui dont elle grève les immeubles. Si donc l'hypothèque est légale, c'est que la loi agit seule pour et au nom des créanciers qu'elle protége. Elle existe indépendamment de l'inscription.

L'hypothèque légale existe indépendamment de l'inscription et frappe sur tous les biens présents et à venir du mari, du tuteur, du comptable, du débiteur en un mot (art. 2122, C. N.).

II Nous ne nous occuperons ensemble, ici, que de l'hypothèque légale des femmes mariées. C'est celle-là qui nous intéresse le plus et qui tient le plus directement au sujet que je traite. Elle a son origine dans les lois romaines que je n'examinerai pas plus que les lois qui peuvent y être relatives jusqu'à nos jours.

La femme a donc une hypothèque légale sur tous les biens présents et à venir de son mari (art. 2121 et 2122, C. N.). Elle frappe même sur les conquêts de communauté, ainsi appelés, parce qu'ils on été acquis pendant la communauté et par elle. C'est ainsi que la Cour de Cassation l'a décidé par son arrêt du 9 novembre 1819, « attendu, y est-il-dit, qu'aux termes des articles 2121 et 2122 du Code Napoléon, tous les biens présents et à venir du mari sont soumis à l'hypothèque légale de la femme; que du nombre de ces biens sont les conquêts de la communauté, puisque la moitié en appartient actuellement au mari et que l'autre moitié peut lui appartenir éventuellement, *si la femme n'accepte point la communauté*; que par suite ils sont également affectés aux reprises de la femme *en cas de renonciation*; qu'aucune loi n'excepte de cette affectation les conquêts *aliénés par le mari pendant la communauté*; ·

qu'on ne peut parconséquent les en excepter sans violer ces mêmes articles; que si le mari a le droit de vendre cette espèce de biens pendant la communauté sans le consentement de la femme, il ne s'ensuit point que , *si elle renonce*, elle ne puisse exercer son hypothèque sur ceux qu'il a aliénés avant sa dissolution, à moins que les acquéreurs ne l'aient purgée par les voies légales ; qu'en effet le droit du mari à cet égard est essentiellement subordonné à celui que l'art. 1453 du Code Napoléon donne à la femme de renoncer à la communauté, si mieux elle n'aime l'accepter ; qu'il suit nécessairement de cet article, *qu'en cas de renonciation*, les actes faits par le mari, pendant la communauté, lui demeurent exclusivement personnels et ne peuvent conséquemment faire obstacle à l'hypothèque de la femme ni à son exercice ; que le système contraire exposerait la femme à perdre ses reprises, tandis que l'hypothèque des conquêts aliénés par le mari, tant que la communauté subsiste, lui en assure la conservation sans nuire à personne puis que le mari peut la faire réduire, si elle excède ; que ceux qui contractent avec lui sont libres de ne point le faire, connaissant ou ne devant pas ignorer la condition de celui avec qui ils traitent, et si les acquéreurs veulent en purger les immeubles par eux acquis, ils le peuvent en usant des voies légales établies à cet effet. »

Les auteurs, et d'autres arrêts confirment ce système qui ne fait plus aucun doute.

En conséquence, si la femme renonce à la communauté,

son hypothèque frappe sur la totalité des conquêts ayant toujours appartenus au mari. Si elle accepte, elle aura hypothèque sur les conquêts qui pourront échoir à son mari, car le partage est déclaratif de propriété.

III L'hypothèque légale s'applique indistinctement à toutes les créances qu'une femme peut avoir contre son mari, qu'elle qu'en soit l'origine. Cela résulte : 1° de l'art. 2121 du Code Napoléon qui dispose de la manière la plus générale que l'hypothèque légale est attribuée aux droits et créances des femmes mariées, sur les biens de leurs maris ; 2° de l'art 2135 du même code qui fait l'énumération de quelques unes de ces créances ; et, 3' de l'esprit de la loi qui a voulu affranchir la femme de la nécessité de prendre elle-même les précautions sévères que prend ordinairement un créancier contre son débiteur.

En effet, d'après l'art. 2135 du Code Napoléon, l'hypothèque légale existe au profit de la femme sur les immeubles de son mari :

En premier lieu, pour sa dot et ses conventions matrimoniales *à compter du jour du mariage.*

Par dot, on entend le bien qui, soit dans le régime dotal, soit même dans le régime de la communauté, est apporté par la femme, au mari, pour supporter les charges du mariage, de quelque part que vienne ce bien (art 1540 C. N.), soit qu'il lui vienne de son chef, soit qu'elle l'ait recuilli dans les successions où elle était appelée. Et par conventions matrimoniales, on entend les avantages ou donations que le mari a pu faire à la femme par le contrat de mariage. Tels sont : 1° le préciput et toute autre espèce de gain de survie assuré à la femme ; 2° la clause qui lui attribue une part plus forte que la moitié dans la communauté, ou un forfait, ou même la totalité de la communauté ; 3° la faculté de reprendre ce qui est entré de son chef dans la communauté, en cas de renonciation.

En second lieu, pour les sommes dotales qui lui proviennent de successions à elle échues ou de donations à elles faites, pendant le mariage, *à compter de l'ouverture des successions ou du jour que les donations ont eu leur effet.*

Et en troisième lieu, pour l'indemnité des dettes qu'elle a contractées avec son mari et pour le remploi de ses propres aliénés, mais seulement *à compter du jour de l'obligation ou de la vente.*

IV Les femmes mariées interviennent souvent dans les actes passés entre des tiers et leurs maris, afin de venir en aide au crédit de ces derniers. C'est alors qu'ont lieu ces stipulations connues sous les noms de **Subrogations ou Renonciations à l'hypothèque légale.**

Jusqu'au décret du **28** février 1852, sur les Sociétés de Crédit Foncier (art. 20), non-seulement la loi n'avait pas défini la subrogation à l'hypothèque légale de la femme, mais elle ne l'avait pas même dénommée. Cependant la pratique avait imaginé et consacré ces stipulations dangereuses, injustes, contraires au crédit et à l'ordre public, comme un moyen propre à protéger les créanciers contre les efforts si menaçants de l'hypothèque occulte dont sont grevés les biens du débiteur marié. Ces subrogations étaient affranchies de toute entrave et par suite de toute formalité; elles pouvaient avoir lieu, même par acte sous seing privé : par conséquent, nulle protection pour la femme et nulle protection pour les tiers. Nous verrons tout-à-l'heure le remède qui a été apporté à ces inconvénients par notre article 9.

Avant, comme depuis la loi du 23 mars 1855, on entend par subrogation, la substitution d'un tiers dans les droits et priviléges d'un créancier; et par renonciation, on entend l'abdication d'un droit ou d'une prétention. Mais il résulte de la manière dont ces deux expressions sont employées dans notre art 9, qu'elles ont la même signification, l'une étant employée indifféremment pour l'autre. En effet, il dit : « . . . . . cette cession ou cette renonciation doit . . . . et les cessionnaires n'en sont saisis . . . . . . » Cette interprétation résulte clairement de ces termes, car la loi, en qualifiant de *cessionnaires*, aussi bien le créancier au profit duquel la femme a renoncé, que celui qui est subrogé, indique suffisamment que l'acte de renonciation et l'acte de subrogation ont la même signification.

La femme peut disposer de ses créances matrimoniales comme de ses autres biens personnels, pourvu qu'elle ne soit pas mariée sous un régime exceptionnel; à plus forte raison, elle peut céder ce qui n'est que l'accessoire de ces créances, c'est-à-dire son hypothèque légale, ou y subroger ou même y renoncer. C'est un droit comme tout autre, et il suffit toujours qu'elle ait capacité d'aliéner. Ainsi, nul doute qu'une femme mariée en communauté ou même séparée de biens, ne puisse aliéner ses créances matrimoniales comme ses autres biens : qu'elle ne puisse dès lors céder l'hypothèque accessoire de ses créances ou subroger un tiers dans cette hypothèque. Il suffit dans ces différents cas, que la femme, si elle est séparée de biens, soit autorisée de son mari; et si elle est commune, qu'elle ait son autorisation ou sa procuration, ou qu'elle aliéne conjointement avec lui.

Ce qui précède ne saurait être appliqué à la femme mariée sous le régime dotal. Elle ne peut céder son hypothèque légale, soit directement, soit indirectement, que dans le cas où elle peut aliéner, c'est-à-dire pour la partie de ses biens qui est paraphernale ou aliénable d'après le contrat de mariage. C'est de là que l'art. 9 qui nous occupe, s'exprime ainsi : « dans le cas où les femmes peuvent céder leur hypothèque légale ou y renoncer. . . . . . »

Il n'est point rare qu'en se mariant sous le régime de la communauté, la femme stipule, pour elle et ses héritiers, la faculté de reprendre, en renonçant, tout ce qu'elle y aura apporté, le tout franc et quitte des dettes et hypothèques de la communauté, même de celles qu'elle aurait contractées ou auxquelles elle aurait été condamnée. Dans ce cas, la femme en traitant avec un tiers, peut-elle le subroger à ses reprises ou y renoncer en sa faveur? je ne crois pas qu'elle puisse subroger ou renoncer, car il est bien évident que la femme, en insérant cette clause dans son contrat de mariage, entend frapper ses apports d'indisponibilité et les soustraire à l'action de ses créanciers pour dettes sociales ou personnelles. Généralement ce qui n'est pas défendu est permis; or, cette clause, loin d'être prohibée, est permise (art. 1497 5° C. N.). Au reste, dans mon interprétation, je me trouve d'accord avec deux arrêts de la Cour de Cassation du 7 février 1855 et du 16 avril 1856.

V Il est bien évident que les subrogations peuvent être expresses et formelles, mais peuvent-elles être tacites, c'est-à-dire s'induire de certaines clauses, de certaines circonstances, de certains faits qui impliquent, de la part de la femme, l'intention de subroger dans son hypothèque légale ou d'y renoncer?

Je suis obligé d'admettre que la subrogation ou la renonciation peuvent être tacites, car par exemple, lorsque la femme se porte co-venderesse avec son mari, d'un immeuble appartenant à ce dernier ou à la communauté, comment interpréter autrement sa coopération à l'acte de vente. Si la femme consent à l'aliénation de son gage, elle doit nécessairement renoncer à ce gage. Les lois romaines nous le disent déjà en ces termes : *Si, in venditione pignoris, consenserit creditor, vel ut debitor hanc rem permutet, vel donet, vel in dotem det, dicendum erit pignus liberari, nisi salvâ causâ pignoris sui, consensit. . . . . Sed et si non concesserat pignus venundari, sed ratam habuit venditionem idem erit probandum* ou bien encore : *Creditor qui permittit rem venire, pignus dimittit.*

Des auteurs très-recommandables prétendent cependant que, malgré sa présence à l'acte, malgré sa coopération à la vente, la femme ne renonce pas à son gage, à son hypothèque légale, que la renonciation n'est valable qu'autant que la femme l'a formellement exprimé. Ceux-là ont peut-être raison; et, pour fixer leur opinion, ils raisonnent par analogie des art. 621, 1338 et 2180 du Code Napoléon et de l'art. 9 du décret du 9 avril 1852, sur le Crédit Foncier. Mais je crois que la majorité des auteurs, et je me range à leur avis, décident que la femme, en concourant à l'acte de vente, renonce tacitement à son gage, à son hypothèque légale. Partant, la renonciation et la subrogation peuvent être tacites ou expresses.

VI Jusqu'à la loi du **23 mars 1855**, la femme pouvait céder son hypothèque légale ou y renoncer par acte sous seing privé, aussi bien, et non moins valablement que par acte authentique, elle était abandonnée à l'influence maritale, aucune condition de publicité n'était exigée. Mais le Législateur de 1855, frappé des inconvénients qui résultaient de ce système, a trouvé le moyen d'y remédier en déterminant la forme dans laquelle les subrogations et renonciations devaient être faites pour valoir c'est-à-dire en prescrivant l'authenticité de l'acte dans lequel elles sont contenues.

Aussi l'art. 9 de la loi du **23** mars **1855** porte :

« Dans le cas où les femmes peuvent céder leur
« hypothèque légale ou y renoncer, cette cession ou
« cette renonciation doit être faite par acte authen-
« tique, et les cessionnaires n'en sont saisis, à l'égard
« des tiers, que par l'inscription de cette hypothèque
« prise à leur profit ou par la mention de la subro-
« gation en marge de l'inscription préexistante. Les
« dates des inscriptions ou mentions déterminent l'ordre
« dans lequel ceux qui ont obtenu des cessions ou
« renonciations exercent les droits hypothécaires de la
« femme. »

Notre article veut donc que la femme ne puisse céder son hypothèque légale ou y renoncer que par acte authentique. Il a fait, de la faculté qu'avait le créancier subrogé de prendre inscription à son profit, une condition nécessaire de la conservation de son droit, et à cette inscription, dont l'objet unique avait été jusqu'alors de révéler l'existence des droits du subrogé, de les rendre publics, il a assigné un double effet ; d'un côté, celui d'opérer une sorte de saisine, en consolidant sur la tête du subrogé, à l'égard des tiers, la cession ou la renonciation faite à son profit ; d'un autre côté, celui de fixer, en cas de concours de plusieurs cessions, l'ordre dans lequel tout créancier exercera les droits hypothécaires de la femme, auxquels il a été subrogé.

La nécessité de l'authenticité a été prescrite, dans l'intérêt des femmes, pour les protéger contre leur propre faiblesse et les mettre à l'abri des entraînements auxquels elles sont naturellement sujettes lorsque les spéculations de leurs maris exigent d'elles quelque sacrifice.

Les termes de notre article 9 m'amènent nécessairement à dire que, les subrogations et renonciations faites en dehors d'un acte authentique, dans un acte sous seing privé sont nulles, *tant entre les parties contractantes, qu'à l'égard des tiers.*

Pour asseoir une opinion aussi énergique, je ne puis mieux me fonder que sur les textes, surtout, quand la règle qu'ils énoncent, est nettement formulée, lors surtout, que cette règle se justifie par l'évidence de son utilité, et, qu'à ce double motif, vient se joindre cette autre considération, qu'on la trouve déjà, avec le sens qu'elle comporte, dans les travaux faits depuis 1841 sur la réforme hypothécaire projetée, d'où elle a été tirée, pour passer dans la loi du 23 mars 1855.

Or, l'art. 9 de la loi du 23 mars 1855 est sinon formel et positif, au moins conçu très-clairement dans le sens que je vous indique. « *Les subrogations,* y est-« il dit, *doivent être faites par acte authentique.* » La loi, ainsi qu'on le voit, est directement impérative, et tout le monde sait que les ordres qu'elle trace ont en principe, pour sanction, la nullité des actes qui n'y sont point conformes. A la vérité, elle ne le dit point ici expressément, comme elle le fait dans l'art. 931 du Code Napoléon, pour les donations; mais qu'importe? Cette sanction tient si essentiellement à la nature même des choses, qu'elle s'impose au même titre que ces vérités qui, étant fondamentales, font partie du droit quoiqu'elles n'y soient pas écrites. Personne ne doute, par exemple, que les hypothèques consenties en la forme sous seing privé ne soient radicalement nulles, bien que pourtant l'authenticité à laquelle elles sont soumises ne soit pas expressément exigée, à peine de nullité, par l'art. 2127 du Code Napoléon qui le prescrit. L'art. 334 du même code se borne également à dire que, la reconnaissance des enfants naturels devra être faite par acte authentique; quelqu'un en conclura-t-il que cette reconnaissance peut être valablement faite en la forme sous seing privé? La loi, on le conçoit sans peine, ne peut pas prendre sous sa sauvegarde et se charger de faire exécuter elle-même les actes faits en violation de ses prescriptions. Qu'on ne m'oppose pas, qu'aux termes de l'art. 1030 du code de procédure civile, les nullités ne se suppléent point et qu'ainsi un acte peut être valable quoique fait en dehors des formes prescrites pour sa perfection; ce serait en effet, commettre une grave erreur que généraliser cette maxime et transporter son empire, des matières de procédure pour lesquelles elle a été spécialement écrite, dans les matières de droit civil auxqu'elles elle est étrangère.

La faculté qu'ont les femmes de venir au secours
de leurs maris, lorsque le crédit de ces derniers est
en péril, a, sans contredit, son bon côté. Unis pour
vivre dans une communauté morale indivisible, les
époux doivent, dans toutes les circonstances de la vie,
s'entr'aider mutuellement. La femme ne saurait donc
se tenir à l'écart et rester froidement égoïste, alors
que la fortune de son mari se trouve compromise. Son
propre honneur, l'intérêt même de ses enfants, tout
lui fait un devoir de le tirer du péril qui le presse.
Mais combien cette faculté, si essentiellement morale
et si éminemment utile qand 'la femme en use avec
prudence et discernement, peut devenir dangereuse par
l'abus qu'elle en peut faire ! Et combien l'abus serait
facile si la femme pouvait sous le manteau de la che-
minée et sans aucun guide pour la conseiller, engager,
par une signature dont elle ne comprend pas toujours
l'mportance, tout son avoir peut-être, dans le mouve-
ment des spéculations de son mari ! Que de femmes se
sont ainsi trouvées ruinées à leur insu ou par l'effet
d'une générosité irréfléchie ! Les monuments judiciaires
témoignent, à chacune de leurs pages, de ce fâcheux
et déplorable état de choses. Il fallait y porter remède,
on en a cherché le moyen. Les jurisconsultes appelés
à préparer la réforme de notre régime hypothécaire
ont proposé de solenniser par l'authenticité les actes de
subrogations. Ils ont cru avec raison que cette forme
de contracter porte en elle de précieuses et d'utiles
garanties. Et d'abord elle éveille, par la solennité

qu'elle imprime à l'acte qui va être souscrit, l'attention des parties et les force à la réflexion ; elle les protége en outre, par les lenteurs qu'elle entraîne, contre la spontanéité souvent compromettante, de leurs premières pensées.

La Faculté de droit de Paris alla même jusqu'à demander que la femme ne pût céder son hypothèque, y subroger ou y renoncer qu'en vertu d'une autorisation judiciaire.

Ainsi donc mon opinion s'appuie, d'une part, sur le texte de l'art. 9 de la loi du 23 mars 1855 expliqué par les principes généraux de notre droit, d'autre part, sur sa propre sagesse et enfin sur les documents d'où il a été tiré.

Et du reste le subrogé ne pourrait pas, en vertu d'un acte sous seing privé, requérir l'inscription qui lui est nécessaire pour conserver ses droits; l'art. 2148 du Code Napoléon nous dit d'une manière bien formelle, bien énergique et bien péremptoire qu'une inscription ne peut se fonder que sur un acte solennel.

Les subrogations et les renonciations à l'hypothèque sont frappées de nullité lorsqu'elles sont consenties en la forme sous seing privé, avons-nous dit; toutefois, la nullité qui les affecte disparaîtrait et elles deviendraient valables, si la femme qui les a faites consentait à déposer elle-même chez un notaire l'acte qui les constate et à les renouveler dans l'acte de dépôt que dresserait le notaire devant lequel sa déclaration aurait lieu. Mais notez-le bien, notre solution serait toute différente si, en même temps qu'elle dépose l'acte qui porte sa signature, elle ne déclarait point au notaire auquel elle s'adresse qu'elle persévère dans l'intention exposée dans l'acte qu'elle dépose entre ses mains. A défaut de cette déclaration formelle, les choses resteraient en leur état originaire. S'il suffisait, pour valider les subrogations ou renonciations qu'elle a faites en la forme sous seing privé, de déposer chez un notaire l'acte qui les constate, qu'elle protection recevrait-elle? Je fais en ce moment la leçon aux notaires (*qu'ils veuillent bien m'excuser*), car c'est à eux à vous dire ce que doit contenir l'acte de dépôt et non à vous qui l'ignorez.

VII Comme conséquence de l'obligation de l'authenticité requise pour les actes dont je viens de vous parler, découle la nécessité de l'authenticité de la procuration que la femme donne à son mari ou à un tiers à l'effet de céder son hypothèque légale ou d'y renoncer. C'est bien l'acte de subrogation qui constitue la cession de l'hypothèque ou la renonciation à l'hypothèque, mais il ne la constitue pas seul, il ne laconstitue que par son identification avec le mandat. C'est dans le mandat qu'est le consentement de la femme duquel il tire toute sa force; isolé du mandat il n'est rien, le consentement qu'il énonce manque de preuve, l'écriture et la signature pouvant être méconnues, il n'y a plus de consentement donné à la subrogation ou à la renonciation. Ces deux actes, l'acte de subrogation ou renonciation et le mandat, forment ensemble un tout indivisible et doivent être soumis aux mêmes conditions. D'ailleurs, ne voyons-nous pas la loi, conformément à ces principes, exiger l'authenticité de la procuration toutes les fois qu'il s'agit de la passation d'un acte authentique, témoin les art. 36, 66, 933 du Code Napoléon.

VIII Il me reste à examiner une question que je passerais outre, si elle ne se présentait pas tous les jours dans la pratique, tant elle me parait peu douteuse lorsqu'on a lu attentivement ce qui précède. Mais comme le cas qu'elle prévoit se présente à chaque instant chez vous, je vais en dire deux mots.

Il s'agit de savoir si, en se portant co-venderesse avec son mari, d'un immeuble appartenant à ce dernier ou à la communauté, la femme renonce valablement à son hypothèque légale sur ce fonds, lorsque la vente est faite par acte sous seing privé?

Je réponds immédiatement non et mille fois non, la renonciation est nulle : qu'elle soit expresse ou **tacite**, peu importe.

En effet, nous avons vu plus haut qu'une renonciation n'est valable qu'autant qu'elle est faite dans un acte authentique. Que vous considériez cette renonciation comme translative ou comme extinctive, peu m'importe, elle doit résulter d'un acte authentique. Notre art. 9 ne fait aucune distinction, il dit : « Dans le cas ou les femmes peuvent céder leur hypothèque légale ou y renoncer, cette cession ou cette renonciation doit être faite par acte authentique. . . . . . » , alors pourquoi se permettrait-on de faire une distinction ici, quand la loi dit au contraire très-impérativement que cette renonciation doit être faite par acte authentique ? Restons dans les termes de la loi ; si nous nous en éloignons nous tombons dans l'arbitraire ; il ne faut jamais chercher de difficulté où il n'y en a pas. L'aliénation de l'immeuble, consentie par les deux époux, opère nécessairement au profit de l'acquéreur le transport de tous les droits des vendeurs ; la femme n'aliéne pas moins son droit d'hypothèque sur le fonds vendu, que le mari son droit de propriété dans le même fonds, puisque l'acte de vente consenti simultanément par eux, emporte par sa nature, la cession des droits que l'un et l'autre avaient dans la chose ; et, comme le mari ne pourrait plus aliéner ou engager efficacement, au profit d'un autre, la propriété cédée à ce premier acquéreur, de même la femme ne pourrait plus céder ni engager à un autre bailleur de fonds l'hypothèque qu'elle avait sur l'immeuble vendu et dont elle est dépouillée par l'acte de vente. Il est évident que la renonciation expresse ou tacite de la part de la femme dans l'acte de vente est translative et investitive. Ainsi donc, lorsqu'un acquéreur voudra obtenir la renonciation à l'hypothèque légale de la femme sur l'immeuble vendu dans l'acte même de vente, il sera obligé de passer un contrat notarié.

Cessez donc, lorsque vous achetez, de faire vos actes sous signature privée dans le cas ou il y a une femme ayant hypothèque légale sur l'immeuble ; car plus tard vous aurez beau crier et vous raidir, cette femme pourra exercer ses reprises sur l'immeuble que vous aurez ainsi acquis, parce qu'elle aura conservé son hypothèque malgré la renonciation que vous avez. Vous aurez beau dire : Comment, quand j'ai acheté par acte sous seing privé, j'ai fait intervenir la femme de mon vendeur, je l'ai fait renoncer à son hypothèque légale, même je ne me suis pas contenté d'une renonciation tacite, j'ai voulu qu'elle me fît une renonciation expresse et formelle, et malgré toutes ces précautions, cette femme aurait conservé son hypothèque légale sur le fonds et tous les avantages qui y sont attachés? Mais certainement. Et plus tard, elle aura le droit de venir vous dire : Monsieur, depuis que nous vous avons vendu, mon mari a fait de mauvaises affaires, il est aujourd'hui insolvable, je ne puis exercer mes reprises ni contre lui ni contre la communauté : l'un et l'autre ne valent rien; je viens les exercer sur l'immeuble que vous appelez vôtre, parce que vous l'avez acquis il y a dix ans, vingt ans et plus, mon hypothèque légale a continué d'exister et existe toujours. Vous vous raidirez, vous direz à cette femme : Mais, Madame, vous y avez renoncé à cette hypothèque légale, et qui mieux est, vous y avez renoncé en termes exprès et formels. C'est vrai, tout cela est vrai, répondra-t-elle, mais c'est par acte sous signature privée que j'ai renoncé à mon hypothèque légale; comme je suis protégée par l'art. 9 de la loi du 23 mars 1855, qui dit : « Dans le cas où les femmes peuvent céder leur hypothèque légale ou y renoncer, cette cession ou cette renonciation doit être faite par acte authentique. . . . . » Je demande condamnation, parce qu'il n'y a rien de moins authentique que l'acte sous seing privé que nous avons fait ensemble. En vain vous essaierez subsidiairement de repousser cette femme, en lui disant : Vous m'avez vendu avec votre mari, vous devez avec lui me garantir contre toutes recherches, j'ai une action contre vous, vous êtes soumise à la règle *quem de evictione tenet actio eumdem agentem repellit exceptio.* Prenez y garde, vous avez traité avec une incapable, tant pis pour vous, vous deviez connaître la capacité de la personne avec laquelle vous avez traité ; vous plaidez , mais vous êtes condamné.

IX Pour éviter les tracasseries dont je viens de vous parler, pour vous débarrasser de l'effet accablant de cette hypothèque légale, pour votre sécurité enfin, vous pouvez arriver, quant à vous, au même but, au même résultat que si votre acte était authentique, que si la renonciation faite en votre faveur était contenue dans un acte notarié, c'est au moyen de la purge. En effet , l'art. 2193 du Code Napoléon dit : « Pourront les acquéreurs d'immeubles appartenant à des maris ou à des tuteurs, lorsqu'il n'existera pas d'inscription sur lesdits immeubles à raison de la gestion du tuteur, ou des dot, reprises et conventions matrimoniales de la femme, purger les hypothèques qui existeraient sur les biens par eux acquis ». Je ne vous parlerai pas des formalités à suivre, mais rappelez-vous bien que la première chose à faire, quand vous voulez purger, est de faire le dépôt de votre acte sous seing privé chez un notaire, qui en délivrera une copie collationnée pour être remise au greffe du Tribunal. Vous comprenez donc clairement que par le fait, votre acte sous seing privé n'a aucune valeur comme tel, puisque même pour purger, il faut qu'il soit authentique. Les frais que vous avez voulu éviter seront même plus élevés que si vous aviez fait tout d'abord votre acte par devant notaire.

Par la purge vous arrivez au même résultat quant à vous, dis-je, que si la renonciation était faite dans un acte authentique, mais quant à la femme, le résultat est bien différent. Si vous purgez, ou bien vous verrez votre prix entre les mains des créanciers inscrits ou de la femme séparée, ou bien vous consignez votre prix pour elle le toucher à la dissolution de la communauté, ou enfin lorsque son droit est ouvert.

Je n'examinerai pas les trois derniers articles de la loi du 23 mars 1855, ils ne contiennent que des dispositions transitoires ou bien le tarif des droits à percevoir; par conséquent, ils ont peu ou ils n'ont plus d'intérêt pour vous.

Si vous m'avez lu attentivement jusqu'à la fin, vous devez comprendre combien il est dangereux de régler ses conventions par actes sous seing privé, et par contre, combien il est avantageux de les régler toutes par actes notariés. Vous ne devez pas hésiter à choisir la forme qui vous offre le moins d'embarras et le plus de garantie. Donnez donc dès maintenant, le bon exemple à vos enfants dont la tranquillité à venir vous est si chère, en attendant qu'une loi vienne apporter remède au grand mal.

N. B. Tout ce que je dis dans cette petite Brochure s'adresse non-seulement à la vente mais encore à l'échange (*Permutatio vicina emptionis*), à la dation en paiement (*dare in solutum est vendere*), aux baux, au prêt par billet etc, etc, etc.

GRISEY, licencié en droit, Notaire.